KB212636

덜렁이와
코로나19

Потеряшка и коронавирус19

빠티랴쉬카 이 카로나비루스19

덜렁이와 코로나19

Потеряшка и коронавирус19

빠티랴쉬카 이 카로나비루스19

압둘하미도브 압둘(13살)
박발레리아(12살)
이비올레타(11살)
김사미라(11살)
김안나(10살)
로토시코 자스미나(8살)

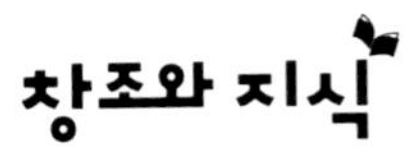

코로나19 뉴스 특보

Экстренные новости

엑스트레느예 노바스띠

коронавируса

카로나비루싸

코로나19 바이러스 확진자가
계속 증가하고 있습니다.

Число заболевших коронавирусом

치슬로 자발레브쉬흐 카로나비루쌈

продолжает расти.

쁘라달쟈옛 라스티

집에서

дома

도마

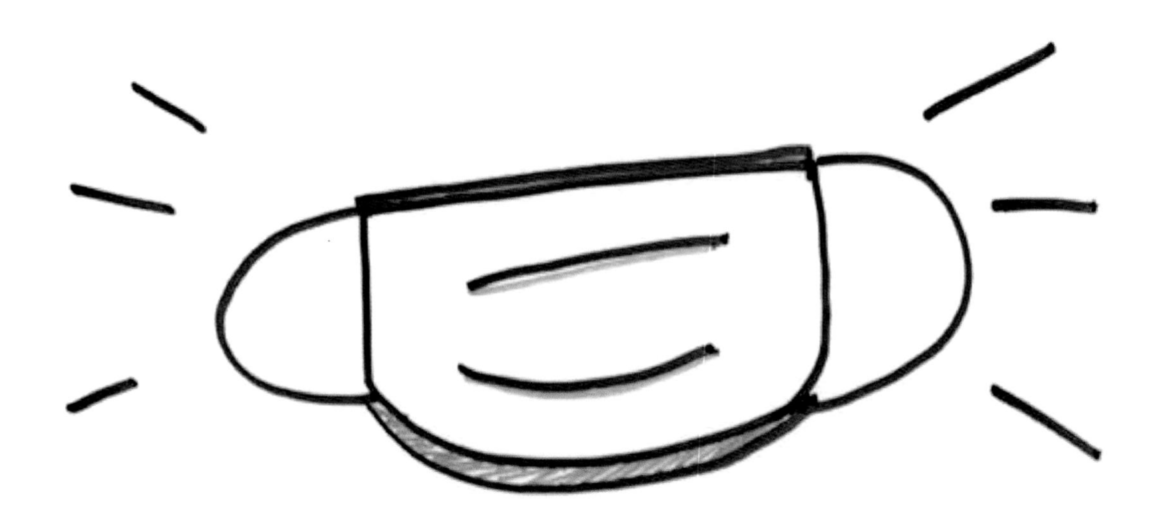

엄마 마스크 왜 써야 해요?

Мама зачем носить маску

마마 자침 노시츠 마스쿠

위험하니까 꼭 쓰고 가야 해.

обязательно надень потому что опасно

오뱌자찔나 나젠 빠따무 쉬따 아빠스나

학교 가는 길

Дорога в школу

다로가 브 쉬꼴루

안녕, 덜렁아

Привет Потеряшка!

쁘리벳 빠티랴쉬카

안녕, 꼼꼼아. 같이 가자.

Привет Акурашка! Пошли вместе.

쁘리벳 아쿠라쉬카 빠쉴리 브메스쩨

놀이터

Детская площадка

덴츠카야 쁠라샤드까

마스크 왜 써야하지?

Зачем носить маску?

자침 노시츠 마스쿠

조금만 벗어야겠다.

Нужно снять немного.

누즈나 스냐츠 님노가

벗지마, 위험해!

Не снимай, Опасно!

니 스니마이 아빠스노

점심시간

ОБЕД

아벳

여러분 열체크 하고 밥 먹으러 갑시다.

Ребята измерим температуру

리뱌타 이즈메림 팀페라투루

и пойдем обедать

이 빠이좀 아베다츠

네.

хорошо.

하라쇼

덜렁아, 온도가 조금 높게 나와서
병원에 가봐야 될 것 같구나.

Потеряшка, у тебя немного температура

빠티랴쉬카 우 티뱌 님노가 템페가투라

нужно сходить в больницу

누즈나 스하지츠 브 발리추

네? 꼭 가야 하나요?

Да? Обязательно?

다 아비자쩰리나

선별진료소

Дежурное мед отделение

데주르나예 메드 앗젤레니예

코 아파요. 으악.

a.a! Нос болит

아 노스 발릿

선별진료소

양성
입니다

으으악아으!

Aaaa...!

아아아아

코로나19 바이러스?

Коронавирус19?

카로나비루스

다음날

На следующий день

나 슬레두유시이 젠

“덜렁이의 검사결과는 음성입니다”

Результат анализов Потеряшки отрицательный

레줄다트 아날리조브 빠티랴쉬키 아뜨리짜쩰느

휴 다행이다

Фуу, повезло!

푸우우 빠베즐로

코로나 19 확산 방지를 위해
우리 모두 사회적 거리 두기를 지켜요.

Чтобы предотвратить распространение
쉬또브 쁘레닷츠브라찌츠 라스쁘라스트라네니예

коронавируса, давайте будем вместе
카로나비루싸 다바이체 부뎀므 브메스체

соблюдать дистанцию.
싸블류다츠 디스탄치유

사회적 거리두기

Соблюдение дистанции

쏘블류젠이예 디스탄쯔이

1. 마스크 착용하기

Носить маску

노시츠 마스쿠

2. 손 씻기

Мыть руки

모이츠 루키

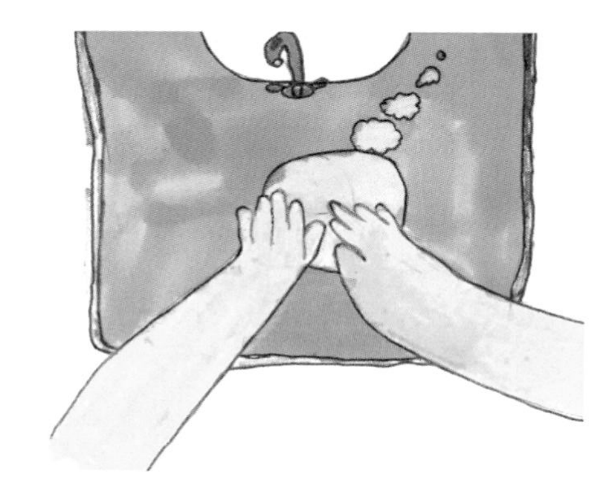

3. 손소독제 바르기

Использование антисептика
이스뽈조바니에 안티세쁘찌까

для рук
들랴 루크

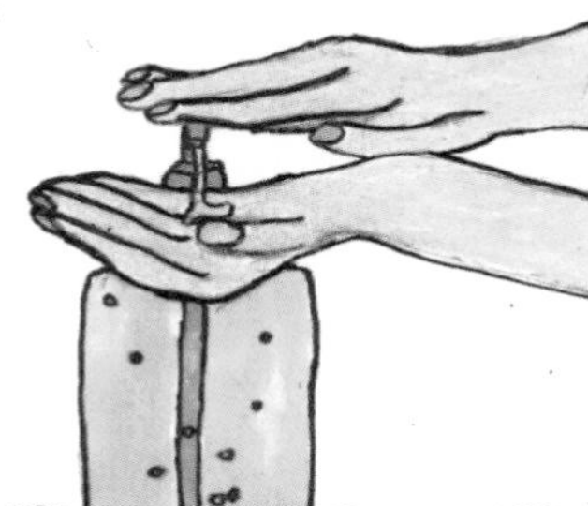

4. 1m 떨어지기

Соблюдать дистанцию 1 метр

쏘블류다치 디스탄찌유 아딘 메트르

모든 안전 수칙은

우리의 건강과 안전을 지키기 위한 것입니다.

Все правила предназначены для защиты
브세 쁘라빌라 쁘레드나크나췌느 들랴 자취뜨

и безопасности нашего здоровья.
이 베자빠스나스찌 나쉐가 즈라로브야

Давайте вместе соблюдать!
다바이체 브메스체 사블류다치

등장인물

персонаж

뻬르소나쉬

덜렁이	Потеряшка	빠티랴쉬카
엄마	Мама	마마
꼼꼼이	Акурашка	아쿠라쉬카
선생님	УЧИТЕЛЬ	우찌젤

어린이 작가 이중 언어 동화책 <덜렁이와 코로나19>는 제암초등학교 다문화 교육 프로젝트 창작물입니다

제암초등학교는 100여명의 다문화학생이 600여명의 비다문화학생과 함께 어우러져 배우고 있다.
다문화학생 중 한국어를 모국어로 하지 않는 학생을 중심으로
한국어교육과 한국적응능력 향상 교육이 필요했다.
이를 위해 2015년부터 하문혜선생님이 경기도교육청에 다문화특별학급 사업을 신청하여 시작되었다.
2019~2020년에는 정수기선생님이 이어받아 운영하였다.
학교에서 한글 '가나다'부터 배운 학생들이 1년후에는 교실로 환급하고 있다.
환급 후에도 지속적으로 한국어 능력을 향상할 수 있도록 방학마다 한국어 캠프를 열었다.
2019년부터 한국어 동화책 번역공부를 캠프에 도입하게 되었고,
한 두 권씩 번역을 마친 학생들이 생겨나기 시작 했다.
이 학생을 격려하기 위해 이중언어로 쓴 창작동화 출간을 기획하게 되었다.
경기도교육청의 예산 지원과 조현옥 교장선생님의 지도로 출간되었다.
이 책이 한국어와 러시아어를 함께 공부하는데 즐거운 배움교재가 되길 바란다.

프로젝트 운영

정수기 선생님, 김알라 선생님, 이라나 선생님

다문화 어린이 작가 이중언어 동화책

덜렁이와 코로나19 Потеряшка и коронавирус

초판 인쇄 2020년 11월 5일
초판 발행 2020년 11월 10일

글작가 압둘하미도브 압둘(13살) 박발레리아(12살)
그림작가 이비올레타(11살) 김사미라(11살) 김안나(10살) 로토시코 자스미나(8살)
출판기획 동화스퀘어 **편집장** 박하루
책임편집 정수기 **러시아어 번역감수** 김알라, 이라나
디자인 김송이 **제작지원** 제암초 조현옥 교장 선생님
출판기획 및 제휴문의 haru@harulab.com

발행처 창조와지식
출판등록 제2015-000037호
주소 서울시 강북구 덕릉로 144
문의 070-4010-4856

ISBN 979-11-6003-263-5

동화스퀘어는 (주)하루랩의 창작 동화 브랜드 입니다